▨ 약 력 소 개

박 래 식

- 시인
- 경희대 졸업
- 해군 정훈공보장교 전역
- 언더그라운드 가수
- 기타아음악 편집위원
- 한국기타문화원 강사
- 작품집 10권 출간
- YMCA클래식기타 강사
- 한국기타문예원 편집위원
- 한국기타협회 이사
- 클래식기타 찬양 지도

▨ 저 서

- 통 기 타 찬 송 교 본 Ⅰ
- 통 기 타 찬 송 교 본 Ⅱ
- 기 타 복 음 성 가 곡 집 Ⅰ
- 기 타 복 음 성 가 곡 집 Ⅱ
- 포 크 기 타 찬 양 교 본 Ⅰ
- 포 크 기 타 찬 양 교 본 Ⅱ
- 클 래 식 기 타 찬 송 가 곡 집
- 클 래 식 기 타 찬 양 교 본
- 클 래 식 기 타 소 품 집
- 우 클 렐 레 동 요 곡 집

클래식기타 찬양 교본 (개정판)

2016년 4월 20일 인쇄
2018년 3월 5일 2쇄

편 저 자 : 박 래 식
발 행 인 : 오 영 희
발 행 처 : ▶️ YB Media
출판서고 : 서울시 종로구 사직로6길 16
등   록 : 제101-09-88234호

──────────────

사 무 실 : 서울시 중구 을지로18길 12(B01호)
전   화 : (02)730-7673 팩스 : (02)730-7675
휴 대 폰 : 010-3949-0209
홈페이지 : www.media153.kr

──────────────

도서주문 : 가나북스
전   화 : (02)408-8811 팩스 : (02)501-8811
홈페이지 : www.gnbooks.co.kr

정가 : 10,000원
ISBN 978-89-94945-26-2 *03230

클래식기타 찬양교본을 펴내며...

너희 의인들아 여호와를 즐거워하라! 찬송은 정직한 자의 마땅히 할 바로다.
수금(竪琴)으로 여호와께 감사하고 열 줄 비파(琵琶)로 찬송할지어다. (시33:1~2)

부족한 저에게 기회를 허락하사 이 클래식기타 찬양교본이 나올수 있도록 해주신 하나님의 은혜에 감사드리며, 모든 영광을 하나님께 드립니다.

그동안 찬양을 부를 때마다 눈물 가운데 많은 은혜를 받았으며, 이 책을 엮는 동안에도 많은 은혜를 받았습니다. 영감을 바탕으로 지어진 찬양이야 말로 우리를 회개와 구원 평강과 기쁨을 인도하는 노래입니다.

이제 기타는 매우 널리 보급된 악기로 찬양함에 잇어서도 필수적인 악기가 되었다고 해도 과언이 아니며 찬양하는 데에 더 없이 알맞은 악기라고 생각합니다.

이 책이 나올 수 있도록 허락해 주신 하나님께 다시 한번 감사드리며, 출판에 열과 성을 다하여 주신 영상복음미디어 출판사 대표 최득원 장로님과 직원 여러분께 감사를 드립니다.

2016년   월

편저자 **박 래 식**

■목　차■

■ 클래식기타에 대해서

기타는 매우 오랜 역사를 지닌 악기로 B.C 3700년경의 이집트 테베의 벽화에서 찾아볼 수 있다. 그리고 슈메르 왕국(B.C 3,500~3,900)의 부조 등을 통해 하프나 리라 같은 발현악기의 존재를 확인할 수 있다. 이후 A.D 8~9세기 경에는 아라비아 류트(Arabia Lute)라 불리우는 악기가 스페인으로 건너갔으며 이미 로마제국의 지배 하에 있었던 스페인에는 라틴풍의 기타가 있었다.

16세기에 스페인에서는 비우엘라가, 다른 유럽엔 류트가 전성기를 이루었다. 이후 17세기에 와서 5줄 스페인 기타(Guitarra Espanaola)가 고안되어 이탈리아의 귀족 사회를 통해 유럽 전역에 보급 되었다. 16세기에는 4현이었고, 17~18세기에는 5현의 겹줄기타가 많이 사용 되었으며, 오늘날 형태의 기타는 1800년 전후에 보급된 6현 형태이다.

18세기에 음량이 다른 악기에 비해 적다는 이유와 더욱 개량되고 발전된 피아노와 바이올린 등의 위세에 떼밀려 위축당하는 시련을 겪기도 하지만 18세기 후반부터 19세기까지 뛰어난 기타리스트들의 출현으로 기타의 황금기를 맞이한다. 그 중에서도 스페인의 페르난도 소르는 모짜르트 오페라「마술피리 주제에 의한 변주곡」, 「그랜드 솔로」, 「소나타」 등의 많은 명곡을 남겨「기타의 베토벤」이라고 불리우고 있다. 그리고 디오니시오 아구아도, 마우로 줄리아니, 페르디나도 카룰리 역시 큰 공적을 남겼다.

그 외 슈베르트를 비롯하여 파가니니, 베버, 보케르니, 베를리오즈 등이 기타곡을 작곡하였다. 특히 가곡의 왕으로 불리우는 슈베르트는 기타를 몹시 사랑하여 거의 모든 곡을 기타를 이용하여 작곡을 하였으며 감흥에 젖을 때면 기타 반주로 노래를 부르기도 했다.

기타는 15세기 말경에 현대의 형태로 완성되었지만 요즈음 우리가 사용하는 기타의 형태로 고정시킨 것은 토레스(Antonio de Torres)로 기타의 크기와 줄의 길이 등을 규격화 했다.

19세기 후반에 들어서면서 타레가는 기타 음악을 선도해 기타의 우수성과 예술성을 드높였다. 새로운 주법으로 연주 체계를 세우고 바하, 베토벤, 쇼팽, 슈만 등의 작품을 편곡하여 기타의 레퍼터리를 폭넓게 만들어「근대 기타음악의 아버지」로 불리운다. 타레가는 기타 연주에 있어 멜로디와 화음을 입체적으로 구사하게 만들고, 기타가 가진 거의 모든 가능성을 제시하였다. 그 유명한「알람브라 궁전의 추억」이 바로 타레가의 작품이다.

20세기에 와서 기타연주가로서 불세출의 명장 안드레스 세고비아(A. Segovia)와 망고레가 나타나 전세계에 기타를 알리는데 큰 공헌을 했다. 기타족의 악기로는 시탄, 우쿨렐레, 발랄라이카 등이 있으며 비파와 같은 악기도 여기에 속한다고 볼 수 있다.

현대에 이르러 기타는 음향기기의 발달로 최대 약점이었던 음량 문제가 거의 해결되어 독주, 반주, 협주 악기로 다양하게 쓰이고 있다.

현재 기타는 통기타라고 불리우는 포크기타, 주로 고전음악을 연주하는 클래식 기타, 팝이나 록음악에 쓰이는 일렉트릭 기타로 크게 나누어 볼 수 있겠으나 그 뿌리는 같다고 볼 수 있다. 기타는 공간적인 제약을 거의 받지 않으며, 독주 및 반주가 가능하므로 찬양을 드리기에 매우 적합한 악기라고 생각한다.

■ 기타 각 부분의 명칭

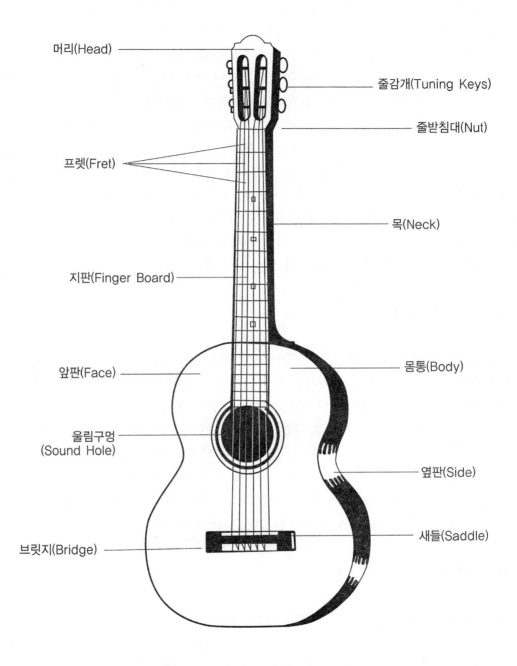

머리(Head)

줄감개(Tuning Keys)

줄받침대(Nut)

프렛(Fret)

목(Neck)

지판(Finger Board)

앞판(Face)

몸통(Body)

울림구멍
(Sound Hole)

옆판(Side)

새들(Saddle)

브릿지(Bridge)

클래식 기타(Classic Guitar)는 거트 기타(Gut Guitar), 또는 스페니쉬 기타(Spanish Guitar)라고도 불리운다. 이밖에 대중가요 반주에 사용하는 포크 기타(Folk Guitar), 스페인 민속 노래와 춤에 사용하는 플라멩고 기타(Flamengo Guitar), 팝과 록음악에 주로 쓰이는 일렉트릭 기타(Electric Guitar) 등이 있다.

■ 기타 줄에 대해서

기타 줄은 기타 소리에 많은 영향을 줍니다. 현재는 나일론 줄을 사용하는데 나일론 줄 사용 이전에는 Gut 줄을 사용했습니다. Gut 줄은 양 창자를 꼬아 만든 줄입니다. 소리는 뛰어났지만 기후에 민감하고, 수명 또한 짧은 것이 단점이었습니다.

지금 널리 사용하고 있는 나일론 줄은 어거스틴이 처음으로 도입한 것입니다. 나일론 줄은 굵기, 탄력 및 장력 등에 따라 음질, 음량, 음색에 차이가 납니다. 보통 Low, Medium, High 로 구분하여 시판되고 있습니다. 악기나 취향에 따라 선택하여 사용하면 됩니다.

포크기타는 보통 철선을 감아 사용하지만 클래식기타는 손끝과 손톱을 이용하여 연주하기 때문에 나일론 줄을 사용해야 합니다. 또한 철선을 클래식 기타에 감아 사용하면 기타에 무리를 줄 수 있습니다. 보통 ① ② ③ 번 줄은 나일론 또는 카본과 같은 재료로 만들고 있으며, ④ ⑤ ⑥ 번 줄은 나일론 실에 동선이나 합금선을 감고 금, 은, 니켈 등으로 도금을 하여 만들거나 순은으로 만들기도 합니다. 일정시간 이상 사용함에 따라 줄의 성능이 나빠지므로 줄을 미리 준비해 두었다가 낡아지면 곧바로 교체해 주는 것이 좋습니다.

■ 악기 각 부분에 대해서

기타의 앞판에는 보통 적송 삼나무(Ceder)나 백송 또는 가문비(Spruce)가 쓰이며, 옆판, 뒷판, 브릿지에는 로즈우드(Rosewood), 자카란다(Jscaranda), 단풍나무(Maple)가 쓰입니다.

삼나무는 향과 울림이 좋으나 나무가 무르며, 백송은 울림이 좋고 나무가 단단합니다. 로즈우드는 소리를 부드럽게 받쳐주며 결 또한 우아합니다. 자카란다는 소리를 강하게 받쳐주고 나무 무늬가 로즈우드와는 또 다른 멋을 지니고 있습니다. 단풍나무는 소리가 부드럽고 역시 특유의 멋을 지니고 있습니다. 기타 여러 종류의 나무로 만들기도 합니다.

지판은 보통 흑단(Ebony)으로 만들며 네크에는 마호가니가 주로 쓰입니다. 너트는 상아, 동물뼈, 플라스틱으로 만들며 프렛은 은이나 백동으로 만듭니다.

■ 기타 구입시 확인사항

● 네크가 휘어지지 않았는가 확인합니다.
● 지판과 줄의 간격을 확인합니다. 간격이 너무 벌어져 있으면 운지에 지장을 초래합니다.
● 프렛이 정확하고 프렛의 줄이 매끈하며 정확한 음이 나는지 확인합니다.
● 줄감개가 부드러운지 확인합니다.
● 음을 맞추어 각 줄의 프렛을 짚고 쳤을 때 줄이 프렛에 닿는 소리가 나지 않는지 확인합니다.
● 가볍게 앞판, 옆판, 뒤판을 두드려 보아 각 부분의 접착 상태를 확인합니다.
● 선호하는 소리는 사람마다 차이가 있겠으나 대체적으로 잘 만들어진 기타에서는 균형 있고 음량이 크고, 원달력이 있으며, 맑고 투명하며, 부드럽고 둥근 소리가 나옵니다.

■ 기타 관리 법

* 연주나 연습 뒤에는 부드러운 헝겊으로 악기를 잘 닦아서 케이스 안에 넣어 보관합니다.
* 악기를 넣을 때에나 꺼낼 때에 또는 들고 이동시에 부딪히지 않도록 조심합니다.
* 심한 습기, 건조, 열, 직사광선, 급격한 온도 변화를 조심합니다.
* 장마철에는 케이스 안에 방습제(실리카겔)를 넣어 두고, 겨울에는 실내에 물수건이나 물그릇을 놓아두거나 가습기를 틀어줍니다.
* 줄감개는 가끔 기름(글리스)을 쳐 줍다.
* 기타줄은 매일 쓰는 것이라면 특별히 풀어줄 필요는 없지만 오랫동안 사용하지 않을 때는 느슨히 풀어주는 것이 좋습니다.
* 줄을 바꾸어 끼울 때는 여섯줄 모두를 한꺼번에 풀고나서 갈아 끼우는 것 보다는 한줄 한줄 갈아 끼우는 것이 좋습니다.
* 심한 충격을 주지 않도록 합니다.

■ 음악가들의 기타에 대한 찬사

베 토 벤 : 기타는 그 자체가 작은 오케스트라이다.

슈 베 르 트 : 기타는 가장 멋있는 악기다. 그러나 그 멋을 이해하는 사람은 매우 드물다.

쇼   팽 : 우수한 기타의 아름다움은 그 어느 것에도 비할 바 없다.

파 가 니 니 : 나는 기타의 화음을 매우 좋아하며, 여행할 때에는 벗처럼 함께 다닌다.

바 그 너 : 오케스트라는 큰 기타이다.

마 스 네 : 기타는 현악기 중에서 가장 완전한 악기이다.

드 뷔 시 : 기타는 표현력이 풍부한 그라브산이다.

스트라빈스키 : 기타는 음이 작은 것이 아니라 멀리서 울리고 있는 것이다.

세 고 비 아 : 기타는 오페라 그라사(관람용 망원경)를 거꾸로 본 오케스트라이다.

팔   랴 : 기타는 멜로디와 리듬과 화음을 갖춘, 가장 완전하고 음이 풍부한 악기이다.

■ 타블라츄어(Tablature) 악보에 대해서

　타블라츄어 악보는 보통 「Tab」이라고 부르는데 5선 악보가 아닌 알파벳 문자나 숫자를 사용하여 음표를 적는 방법으로서 16세기 부터 '류트'나 '기타' 등의 발현악기를 위해 사용되어 왔습니다.

　피아노나 관악기 등은 한가지 음이 다른 위치에서 소리가 나지 않지만, 기타에서는 같은 음정의 음을 여러 줄에서 연주할 수 있기 때문에 오선 악보를 보고 어느 줄의 위치에서 음을 내야할 지 혼란스러울 때가 있습니다.이러한 경우에 타블라츄어 악보는 정확한 음의 위치를 알 수 있도록 해줍니다.

　타블라츄어 악보는 오선 악보를 잘 읽을 줄 모르는 사람도 기타 연주를 가능하게 해 주며, 동음에 대한 계산이 필요하지 않아 악보를 쉽게 볼 수 있게 해준다는 장점이 있습니다.

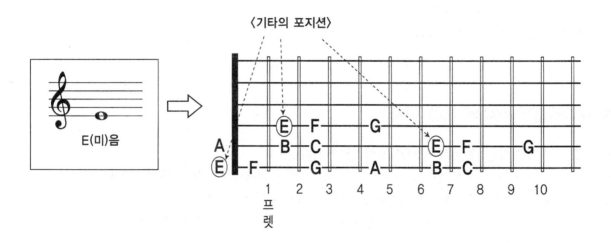

타브(Tab) 악보 보는 법

②번선의 1프렛

③번선의 개방현

⑤번선의 3프렛

타브(Tab) 악보 읽는 법

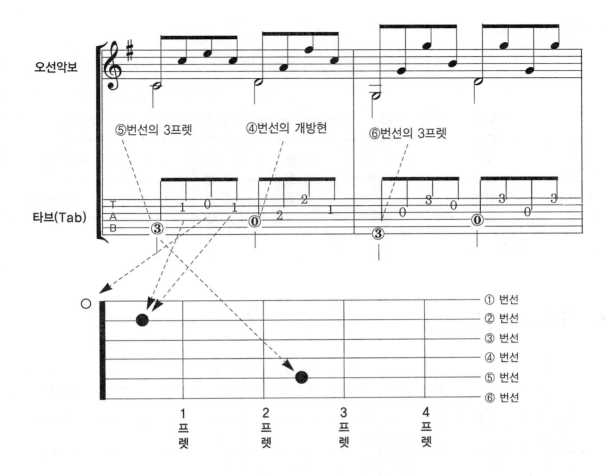

오선악보

타브(Tab)

⑤번선의 3프렛

④번선의 개방현

⑥번선의 3프렛

T
A
B

① 번선
② 번선
③ 번선
④ 번선
⑤ 번선
⑥ 번선

1
프
렛

2
프
렛

3
프
렛

4
프
렛

■ 기타 지판과 보표

● 기타 지판 및 음계

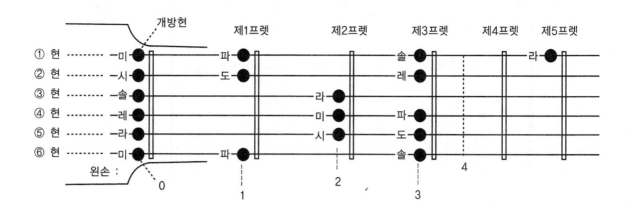

● C 장조 기타 지판과 보표 1

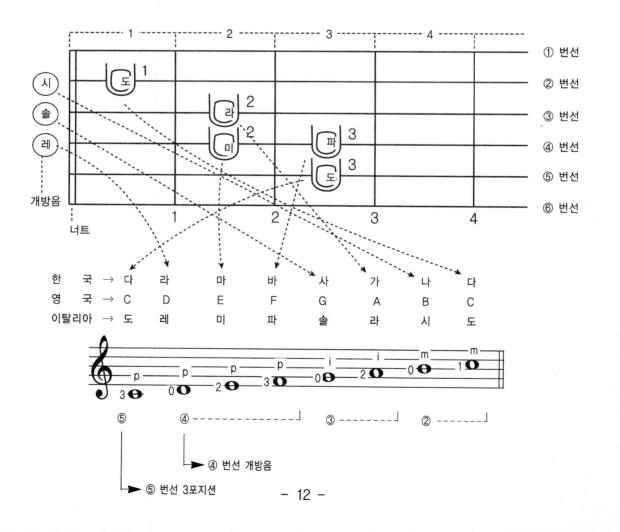

1프렛에 위치하는 음계는 1번, 2프렛에 위치하는 음계는 2번, 3프렛에 위치하는 음계는
3번 손가락으로 칩니다.

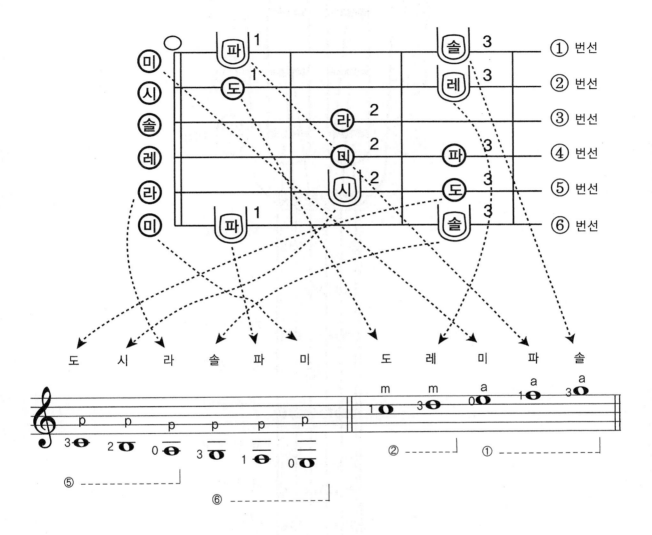

4, 5, 6 번 줄은 p로, 3번 줄은 i로, 2번 줄은 m으로, 1번 줄은 a로 칩니다.
정확하고 빠르게 칠 수 있을 때까지 연습합니다.

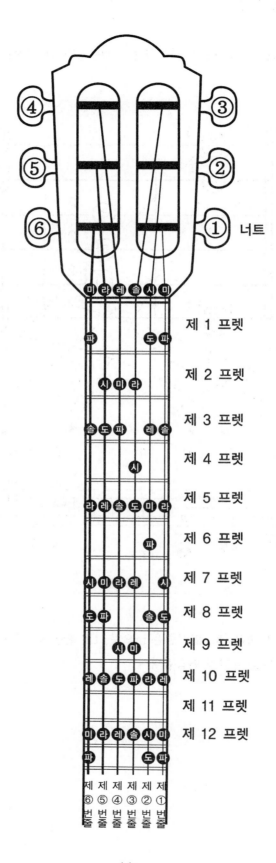

■ 조율하는 방법

여러가지 방법이 있으나 소리굽쇠나 피치 파이프 등으로 A(라) 음(5번줄 개방현)을 낸 후
그것을 기준으로 맞추는 방법이 주로 쓰입니다.

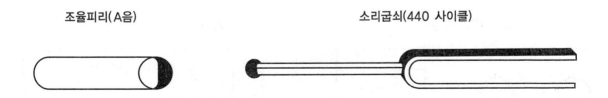

조율피리(A음)   소리굽쇠(440 사이클)

1. 먼저 조율피리(소리굽쇠)나 다른 악기를 이용하여 ⑤번선 개방음을 정확히 A(라) 음으로 맞춥니다.
2. ⑤번선의 5프렛을 누르고 퉁기면 D음이 나오는데 이 음에 ④번선 개방현을 맞춥니다.
3. ④번선의 5프렛을 누르고 퉁기면 G음이 나오는데 이 음에 ③번선 개방현을 맞춥니다.
4. ③번선의 4프렛을 누르고 퉁기면 B음이 나오는데 이 음에 ②번선 개방현을 맞춥니다.
5. ②번선의 5프렛을 누르고 퉁기면 E음이 나오는데 이 음에 ①번선 개방현을 맞춥니다.
6. ⑥번선의 5프렛을 누르고 퉁기면 A음이 나오는데 이 음에 ⑤번선 개방현을 맞춥니다.

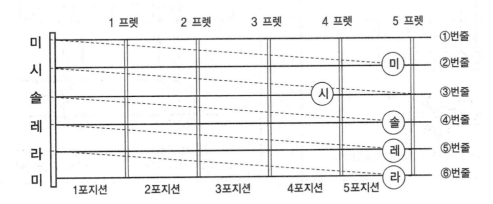

이밖에 피아노, 하모닉스를 이용한 튜닝 방법 등이 있으나 근래에는 「튜닝 머신」을 이용하여 간편하게
튜닝을 하는 경우가 흔합니다. 「튜닝 머신」을 사용하면 좀 더 빠르고 정확하게 튜닝을 할 수 있습니다.

■ 줄을 감는 방법

줄을 감는 방법은 몇가지가 있겠으나, 그림과 같이 감는 것이 가장 무난하다고 볼 수 있습니다.

● 헤드부분 줄 감는 방법

포크 기타 줄감기

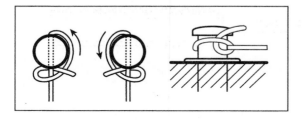

클래식 기타 줄감기

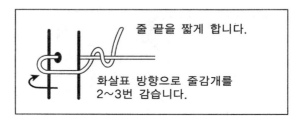

줄 끝을 짧게 합니다.

화살표 방향으로 줄감개를
2~3번 감습니다.

● 브리지 부분 줄 끼우는 방법

포크 기타 (스틸 줄)

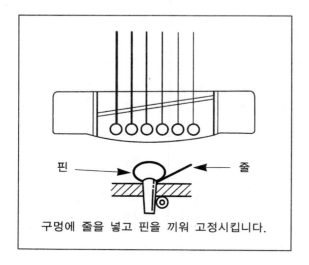

핀 → ← 줄

구멍에 줄을 넣고 핀을 끼워 고정시킵니다.

클래식 기타 (나일론 줄)

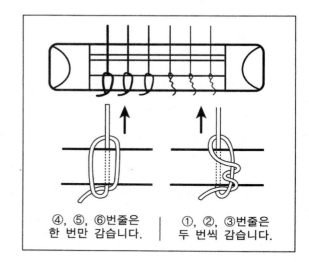

④, ⑤, ⑥번줄은
한 번만 감습니다.　|　①, ②, ③번줄은
두 번씩 감습니다.

■ 카포의 사용에 대하여

● 카포를 사용하는 목적

1. 반주나 악보의 음역이 자신의 음역과 맞지 않을 때 사용합니다.
   ex) C 장조가 자신의 음역보다 낮게 느껴져 한 음 올려 D 장조로 바꾸고자 할 때, 카포를
   제2포지션에 착용하고 C 장조로 연주하면 실제로는 D 장조가 됩니다.

2. 악보의 코드가 어려워 쉬운 코드로 바꿔서 연주하고 싶을 때 사용합니다.
   ex) B♭ 코드가 어렵게 느껴질 때, 카포를 제1포지션에 착용하고 A 코드로 눌러주면
   실제의 소리는 B♭ 장조가 됩니다.

3. 2개 이상의 기타로 반주하여 더욱 풍부한 사운드를 만들고 싶을 때 사용합니다.

● 카포의 종류

나사식

용수철식

고무식

■ 기타 연주에 필요한 용품들

보면대

발 받침대

메트로놈

카 포

피 크

튜닝머신

광택제(폴리쉬)

마른헝겊

어깨걸이(스트랩)

소리굽쇠

피치 파이프

줄

■ 카포 조견표

조 표	카포의 위치·코드의 그룹	코드 폼의 변화						
	카포 없음	C	D	E	F	G	A	B
	카포 5 프렛 G그룹	G	A	B	C	D	E	F#
	카포 없음	G	A	B	C	D	E	F#
	카포 7 프렛 C그룹	C	D	E	F	G	A	B
	카포 없음	D	E	F#	G	A	B	C#
	카포 2 프렛 C그룹	C	D	E	F	G	A	B
	카포 7 프렛 G그룹	G	A	B	C	D	E	F#
	카포 없음	A	B	C#	D	E	F#	G#
	카포 9 프렛 C그룹	C	D	E	F	G	A	B
	카포 2 프렛 G그룹	G	A	B	C	D	E	F#
	카포 없음	E	F#	G#	A	B	C#	D#
	카포 4 프렛 C그룹	C	D	E	F	G	A	B
	카포 9 프렛 G그룹	G	A	B	C	D	E	F#
	카포 없음	F	G	A	B♭	C	D	E
	카포 5 프렛 C그룹	C	D	E	F	G	A	B
	카포 10 프렛 G그룹	G	A	B	C	D	E	F#
	카포 없음	B♭	C	D	E♭	F	G	A
	카포 10 프렛 C그룹	C	D	E	F	G	A	B
	카포 3 프렛 G그룹	G	A	B	C	D	E	F#
	카포 없음	E♭	F	G	A♭	B♭	C	D
	카포 3 프렛 C그룹	C	D	E	F	G	A	B
	카포 8 프렛 G그룹	G	A	B	C	D	E	F#
	카포 없음	A♭	B♭	C	D♭	E♭	F	G
	카포 8 프렛 C그룹	C	D	E	F	G	A	B
	카포 1 프렛 G그룹	G	A	B	C	D	E	F#

■ 코드와 코드네임에 대해서

코드(화음)란 높이가 다른 두 개 이상의 음이 동시에 울릴 때의 음을 말하며, 코드네임이란 화음의 이름을 말합니다. 예를 들면 도(C) · 미(E) · 솔(G)의 화음을 C(시)코드, 파(F) · 라(A) · 도(C)의 화음을 F(에프)코드, 솔(G), 시(B), 레(D)의 화음을 G(지)코드라고 부릅니다.

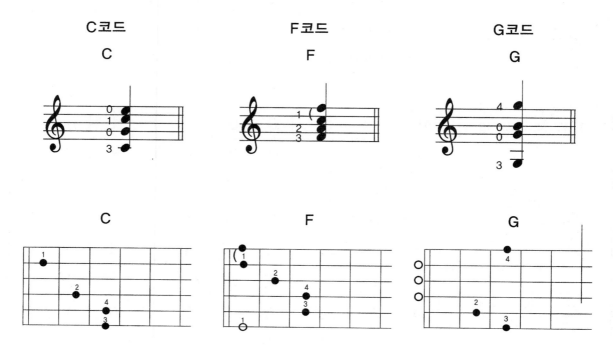

■ 화음 연습

클래식기타는 멜로디와 화음을 함께 연주하는 악기이므로 멜로디는 물론 화음도 익혀야 합니다. 클래식기타 곡에는 대부분 악보에 코드가 붙어 있지 않으나, 실제 곡 안에는 각 조에 따른 주요 3화음(코드)가 들어 있습니다. 코드 연습(화음 연습)은 포크 기타뿐만 아니라 클래식기타에서도 반드시 필요합니다.

● 가장 많이 사용되는 기본 코드(화음) 20

C		Fm	
C7		F#m	
C#m		G	
D		G7	
D7		A	
Dm		A7	
E		Am	
E7		B7	
Em		Bb	
F		Bm	

■ 각 조별 주요 3코드(화음) -1

조	으뜸음	주 요 3 코 드			
C 다장조		C	F	G	G7
Am 가단조		Am	Dm	E	E7
G 사장조		G	C	D	D7
Em 마단조		Em	Am	B	B7
D 라장조		D	G	A	A7

조	으뜸음	주 요 3 코 드

■ 각 조별 주요 3코드(화음) -3

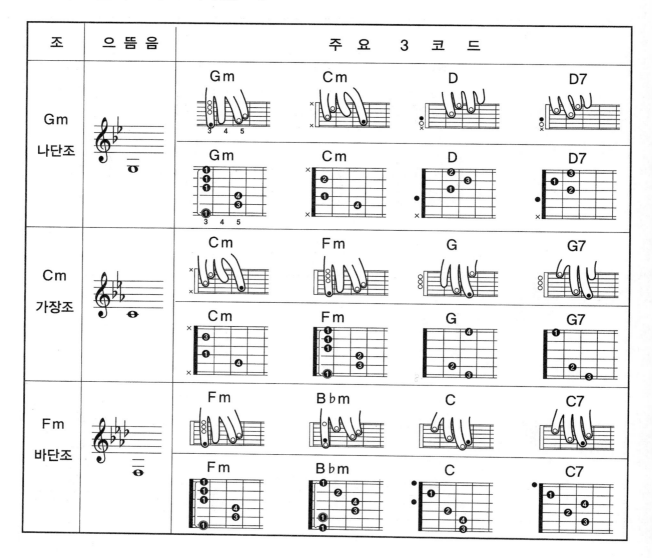

* A, A7 코드는 두 가지 운지 형태이므로 가급적 모두 익히시기 바라며, 두 가지 중 잡기 편한 코드를 익혀 사용하시면 됩니다 모두 익히시기 바랍니다.

■ 기타 숙달의 노하우

● 좋은 스승을 만나서 지도를 잘 따릅니다.

● 시간을 정해두고 정기적으로 연습을 해야 합니다. 인내심을 가지고 꾸준히 연습을 해야 합니다.

● 잘 되지 않는 부분이나 까다로운 부분은 그 부분만 집중적으로 반복 연습합니다.

● 생각하며 연습합니다.

   무조건 연습하지 말고, 문제점을 연구 분석하며 연습하면 기량이 훨씬 빠르게 향상됩니다.

● 이미 익힌 곡이라도 반복 연습을 합니다.

● 음악의 기초 이론을 공부합니다.

● 손에 불필요하게 들어가는 힘을 뺍니다.

   연주 중 순간순간 쉬는 방법과 손의 피로를 덜 느끼게 하는 방법을 익힙니다.

● 다른 사람을 가르쳐 봅니다. 가르치면서 많이 배우게 됩니다.

● 많이 읽고, 듣고, 보아야 합니다. 여러가지 장르의 음악을 많이 감상합니다. 그래야 음악성이 길러지고 음악의 폭이 넓어 집니다. 또 유명 연주인의 레코드나 비디오를 감상하며 본받을 점을 배웁니다.

● 여러 사람들 앞에서 연주할 기회가 생기면 연주를 합니다. 자신감을 기를 수 있습니다.

● 제 3자의 입장(스승, 관객, 비평가)에서 자신의 연주를 객관적으로 듣는 훈련을 합니다.

   그래야 우물안 개구리가 되지 않습니다.

● 누구나 초급, 중급, 고급 단계별로 수준이 향상되므로 빠른 시일내에 뜻대로 수준이 올라가지 않는다고 포기하지 말아야 합니다.

● 합주(이중주, 3중주 등....)를 해 봅니다. 합주를 해 보아야 정확한 리듬 감각을 익힐 수 있습니다.

● 고상한 목적을 가지고 연습합니다. 그래야 포기하지 않게 됩니다.

   (찬양, 자선연주회, 봉사 활동, 타인을 기쁘게 해 주겠다는 마음 등....)

● 리듬 감각을 기릅니다. 리듬을 멜로디나 코드에 비해 대수롭지 않게 여기는 경우가 많은데 정확한 리듬감각은 필수입니다.

● 연주 자세를 수시로 확인 점검하여 바로 잡습니다.

● 스케일 연습을 해야 합니다.

   스케일 연습을 통해 손의 힘이 길러지고, 빠르고 정확하게 음계를 짚을 수 있게 됩니다.

● 늘 겸손한 마음으로 배우려는 자세를 가집니다. 우쭐거리는 마음이나 타인을 우습게 여기는 마음은 진정한 예술인의 마음이 아닐 뿐만 아니라 기량 향상의 적입니다.

● 감성을 잘 관리해야 합니다. 시적 감수성을 지녀야 곡을 제대로 이해하고 연주할 수 있습니다.

● 인격을 연마해야 합니다. 기타 연습 또한 인격을 수련하는 과정일 것입니다.

   훌륭한 인격에서 나오는 연주야 말로 최고의 연주입니다.

◙ 악　　전 ◙

■ 각 조와 으뜸음

■ 조표와 임시표

조　표

이곳에 있는 샵 또는 플랫

조표란 음자리표와 박자기호 사이에 있는 올림표(#)와 내림표(♭)를 말하며 각 조의 음계구
성을 나타내는 표입니다. 어떤 곡에 조표가 붙게 되면 그 조표는 곡이 끝날 때까지 조표가 붙은
모든 음에 효력이 있습니다.

임　시　표

- ♯ (샵 : 반음 올림표) – 반음 올리는 표
- ♭ (플랫 : 반음 내림표) – 반음 내리는 표
- ♮ (내추럴 : 제자리표) – #, ♭이 붙은 음을 본래의 음(원음)으로 되돌리는 표
- 𝄪 (더블 샵 : 온음 올림표) – 반음 올린 음을 다시 반음 더 올리는 표
- ♭♭ (더블 플랫 : 온음 내림표) – 반음 내린 음을 다시 반음 더 내리는 표

■ 음표와 쉼표

음 표	음표의 이름	길 이	쉼표의 이름	쉼 표
𝅝	온음표	4 박	온쉼표	▬
𝅗𝅥	2분음표	2 박	2분쉼표	▬
♩	4분음표	1 박	4분쉼표	𝄽
♪	8분음표	$\frac{1}{2}$ 박	8분쉼표	𝄾
♬	16분음표	$\frac{1}{4}$ 박	16분쉼표	𝄿

음표란 음의 길이를 나타내는 표이며, 쉼표란 악곡이 진행하는 도중에서 음을 내지 않을 때를 나타내는 표입니다.

■ 점음표와 점쉼표

점음표	점음표의 이름	점음표의 길이	점쉼표	점쉼표의 이름	점쉼표의 길이
𝅝.	점온음표	𝅝 + 𝅗𝅥	▬.	점온쉼표	▬ + ▬
𝅗𝅥.	점2분음표	𝅗𝅥 + ♩	▬.	점2분쉼표	▬ + 𝄽
♩.	점4분음표	♩ + ♪	𝄽.	점4분쉼표	𝄽 + 𝄾
♪.	점8분음표	♪ + ♬	𝄾.	점8분쉼표	𝄾 + 𝄿
♬.	점16분음표	♬ + 𝅘𝅥𝅲	𝄿.	점16분쉼표	𝄿 + 𝄿

음표의 오른쪽에 하나의 점이 붙은 것을 점음표라 하며, 음표 길이의 절반 길이가 됩니다.
이것은 쉼표의 경우도 같습니다.

■ 음 이름

음 이름이란 음의 높이에 따라 붙여져 있는 음에 대한 고유의 이름을 말하며, 각 나라마다
다음과 같이 부릅니다.

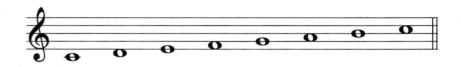

우 리 나 라	다	라	마	바	사	가	나	다
미 국 · 영 국	C	D	E	F	G	A	B	C
독 일	C (체)	D (데)	E (에)	F (에프)	G (게)	A (아)	H (하)	C (체)
프랑스 · 이탈리아 · 스 페 인	Do(Ut) (도)	Re (레)	Mi (미)	Fa (파)	Sol (솔)	La (라)	Si (시)	Do(Ut) (도)

■ 각 조별 코드

- 28 -

마 장조 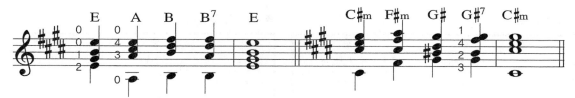 올림다 단조

바 장조  라 단조

내림나 장조  사 단조

내림마 장조  다 단조

내림가 장조  바 단조

■ 표시기호 일람표

■ 나타냄 말

쓰 기	읽 기	뜻
agitato	아지타토	흥분하여 성급하게
a mezza voce	아 메차 보체	알맞고 부드러운 소리
animato	아니마토	활기있게
amoroso	아모로소	사랑스럽게
appassionato	아파시오나토	정열적으로
brillante	브릴란테	화려하게
cantabile	칸타빌레	노래하듯이
cantando	칸탄도	노래하듯이
comodo	코모도	평안하게
con brio	콘 브리오	열렬하게
con moto	콘 모토	좀 빠르게
delicato	델리카토	우아한, 섬세한
dolce	돌체	달콤한, 부드러운
dolente	돌렌테	슬픈, 음산한
espressivo	에스프레시보	표정을 살려서
grazioso	그라지오소	우아하게
marcato	마르카토	힘을 주어 똑똑하게
maestoso	마에스토소	장엄하게
marciale	마르치알레	행진곡처럼
semplice	셈플리체	간단한
staccato	스타카토	음을 끊어서
scherzando	스케르찬토	경쾌하고 익살맞게
tenuto	테누토	음의 길이를 충분히
tranquillo	트란퀼로	고요하게

■ 빠르기 말과 나타냄 말에 붙여서 쓰는 말

쓰 기	읽 기	뜻
assai	앗사이	매우
ma	마	그러나
meno	메노	보다 적게
molto	몰토	더욱 더
piu	피우	조금(좀더)
poco	포코	조금
non	논	아님, 부정
e(ed)	에(에드)	그러나
poco a poco	포코 아 포코	조금씩
un poco	운 포코	다소, 조금
sempre	셈프레	항상 …
simile	시밀레	같은 모양의
subito	수비토	바로, 곧
accord	아코르	화음, 조율
aila	알라	… 풍으로

■ 빠르기 말

쓰 기	읽 기	뜻
Grave	그라베	아주 느리게
Largo	라르고	매우 느리게
Lento	렌토	매우 느리게
Adagio	아다지오	천천히
Larghetto	라르게토	라르고보다 빠르게
Andante	안단테	느리게
Antantino	안단티노	조금 느리게
Moderato	모데라토	보통 빠르게
Allegretto	알레그레토	조금 빠르게
Allegro	알레그로	빠르게
Vivace	비바체	매우 빠르게
Presto	프레스토	아주 빠르게
Prestissimo	프레시토시모	프레스토보다 빠르게

■ 빠르기에 변화를 주는 말

쓰 기	읽 기	뜻
accel	아첼레란도	점점 빠르게
rit.	리타르단도	점점 느리게
rall	랄렐탄도	점점 느리게
riten.	리테누토	곧 느리게
a tempo	아 템포	본디 빠르기로
Tempo I	템포 프리모	처음의 빠르기로
a piacere	아 피아체레	마음대로
ad lib	아드 리비툼	자유롭게
allargando	알라르간도	점점 느리고 폭넓게
smorz.	스모르찬도	점점 꺼지듯이
piu allergo	피우 알레그로	좀더 빠르게
piu lento	피우 렌토	좀더 느리게

■ 셈 여림표

쓰 기	읽 기	뜻
ppp	피아니시시모	아주 여리게
fff	포르티시시모	아주 세게
fp	포르테 피아노	세게 곧 여리게
fz	포르찬도	특히 세게
sf, sfz	스포르찬도	특히 세게
dim.	디미누엔도	점점 여리게
decresc.	데크레센도	점점 여리게
cresc.	크레센도	점점 세게
p	피아노	여리게
f	포르테	세게
mp	메조피아노	조금 여리게
mf	메조포르테	조금 세게

■ 기초 악상 기호

>	악센트(accent)	다른 음에 비해서 특히 세게 연주합니다.
♪♪	붙임줄(tie)	높이가 다른 2개 이상의 음에 사용되며 ⌣ 로 연결된 음은 1개의 음으로 연주합니다.
3	3잇단음표(triplet)	2등분할 음표(또는 1개의 음표)를 3등분하여 연주합니다.
	라스게아도(rasgueado)	a, m, i 순서에 따라 빠르게 내려 칩니다.
	스타카토(staccato)	음을 짧게 끊어서 연주합니다.
Repeat & F.O.	리피드 앤드 페이드 아웃	반복하는 가운데 점차적으로 소리를 작게 하면서 연주를 마치라는 뜻입니다.
rit.	리타르단도(ritardando)	점점 느리게 연주합니다.
⊕ ⊕	코다(coda)	D.C 또는 D.S 이부터 효력이 있는 기호로 ⊕ 와 ⊕ 사이를 건너뛰어 연주합니다.
Fine	피네(fine)	악곡의 마침을 나타냅니다.
D.C.	다 카포(da cape)	처음부터 다시 연주를 시작하여 FINE 또는 ⌢ 에서 연주를 마칩니다.
D.S.	달 세뇨(dal segno)	𝄋 로 돌아가 연주를 계속합니다.
⌢	늘임표(fermata)	음표 또는 쉼표를 2~3배 정도 늘여서 연주합니다. (늘이는 정도는 곡에 따라서 다릅니다.)
⌢	마침표(pause)	늘임표와 같은 기호이지만 겹세로줄 위에 붙게 되면 악곡의 마침을 나타냅니다.
‖	도돌이표(repeat)	처음부터 한번 더 연주합니다.
1. 2.	도돌이표(repeat)	도돌이를 한 후에는 ⌐1.⌐ 은 연주하지 않고 곧바로 ⌐2.⌐ 로 건너뛰어 연주합니다.
‖: :‖	도돌이표(repeat)	‖: :‖ 사이를 한번 더 연주합니다.
⌢	슬러(slur)	매끄럽게 칩니다.

■ 도돌이 표

연주 순위 ⇨ A→B→C→D→A→B→C→D

연주 순위 ⇨ A→B→C→D→A→B→E→F

연주 순위 ⇨ A→B→C→D→A→B→C→E

연주 순위 ⇨ A→B→C→D→E→A→B→C   처음부터 다시 연주를 시작하며, Fine에서 끝냄.

연주 순위 ⇨ A→B→C→D→E→C→D   𝄋 부터 다시 연주를 시작하며, Fine에서 끝냄.

연주 순위 ⇨ A→B→C→B→C→D→E→A→B→C→D

연주 순위 ⇨ A→B→C→B→C→D→E→A→B→C→B→C→D

연주 순위 ⇨ A→B→C→D→E→A→B→C→D→F   처음부터 다시 연주를 시작하며, D와 F 사이를 건너 뜀.

■ 박자와 리듬

　음악이 진행되는 도중, 음의 강약이 일정한 규칙에 따라 계속 되풀이 되는 것을 박자라고 합니다. 박자는 박자표와 5선을 수직으로 배분하는 세로줄로 나타냅니다.

(1) 박자표

곡의 첫머리(음자리표, 조표) 다음에 분수의 형태로 써 넣으며, 5선에 적을 때는 분모와 분자 사이의 줄은 생략합니다. 분모는 1박으로 세로 음표를 나타내고 분자는 1마디에 들어가는 박의 수를 나타냅니다. 4/4는 C, 2/2는 ¢으로도 씁니다.

(2) 세조줄과 마디

박자의 단위를 분명하게 하기 위하여 보표에 수직으로 그은 선을 세로줄이라고 하며 3종류가 있습니다.
　① 세로줄
　　1개의 가는 줄로서 이 줄과 줄 사이를 마디라고 하며 제1~제2 마디라고 읽습니다.

　② 겹세로줄
　　2개의 가는 줄로서 1곡의 단락 또는 조성이나 박자가 바뀔 때 그려 넣습니다.

　③ 끝세로줄
　　2개의 세로줄 중 왼쪽은 가늘고 오른쪽은 굵게 그리며, 곡의 마침을 나타냅니다.

(예)

- 33 -

■ 기타의 특수 주법

1. 슬러(Slur)
  슬러(Slur)란 최초의 음만 오른손가락으로 치고 후의 음은 왼손가락으로 눌러서 음을 내는
주법을 말하며 리가도(Ligado)라고도 부릅니다.

● 상승 슬러
  기호가 붙어 있는 앞의 음을 오른손가락으로 치고 뒤의 음은 왼손가락을 줄 위에 두드리듯이
낙하시켜서 냅니다. 기호의 뒤 음은 오른손가락으로 치지 않습니다.

● 하강 슬러
  기호가 붙어 있는 앞의 음을 오른손가락으로 치고 뒤의 음은 왼손가락으로 줄을 걸쳐서
냅니다. 기호의 뒤 음은 오른손가락으로 치지 않습니다.

2. 아라스트레(Arrastre)
  최초의 음을 친 다음 다음 음까지 누르고 있는 손가락을 미끄러뜨려 음을 내는 것을 아라스트
레(Arrastre)라고 합니다. 첫음 뒤의 음은 오른 손가락으로는 치지 않고 왼손가락을 미끄러뜨
려 여운으로만 울리도록 합니다. 음표와 음표 사이를 직선과 그 위에 슬러 기호로 나타냅니다.
음표의 길이를 바르게 유지해야 합니다.

3. 포르타멘토(Portamento)

　처음의 음을 친 다음 누르고 있는 손가락을 작은 음표까지 미끄러뜨려 소리를 낸 다음 큰 음표
는 오른손가락으로 치는 주법을 포르타멘토라고 합니다.

4. 꾸밈음

　슬러 주법을 이용한 주법으로 호선으로 나타냅니다. 주의할 점은 꾸밈음표는 아주 짧게 쳐야
합니다. 꾸밈음에는 2종류가 있으며 리가도로 칩니다.

　● 앞꾸밈음(Apoyatura)　　　　　　　　　　　　● 2중앞꾸밈음(Apoyaturas doubles)

5. 모르텐도(Mordento)

　모르텐도란 꾸밈음표의 일종으로 이 기호가 붙여진 음의 2도 위 또는 2도 아래의 음을 슬러의
연주법과 같은 요령으로 본래의 음 앞에 짧게 붙여서 칩니다.

6. 트릴(Trill)

　음을 숨긴 상태에서 왼손의 손가락만 움직여서 계속해서 소리를 내는 주법입니다.
　𝑡𝑟〜〜 로 표시하며 연속적으로 소리가 나도록 해야 합니다.

7. 스타카토

음을 짧게 끊어서 치는 주법을 스타카토라고 부르며, 음을 친 뒤의 손가락을 그 줄에 닿게 하거나 누르고 있는 손가락의 힘을 빼고서 줄을 지판에서 떼어 음을 끊습니다. 악보에는 음표 위에 점(·)이 붙어 있습니다. 빠른 곡을 연주하는 경우에는 오른손으로 소음합니다.

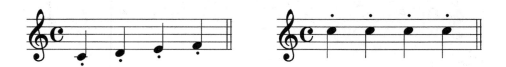

8. 피치카토(Pizzicato)

오른손 손바닥의 바깥 부분을 브리지 안쪽에 가볍게 대고 줄의 진동을 멎게하는 것처럼 엄지 손가락으로 치는 것을 말합니다. 이때 주의할 점은 손바닥의 위치가 사운드 홀에 너무 근접하면 음이 나지 않는다는 것입니다. 악보에는 pizz라고 적혀있습니다.

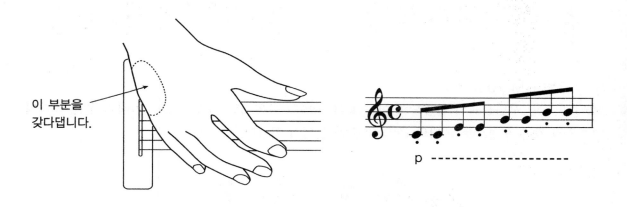

이 부분을
갖다댑니다.

9. 탐보라(Tambora)

오른손의 손가락을 비스듬이 세워 엄지 손가락의 외측으로 줄과 브릿지가 접하는 부분을 두들기는 것을 말합니다. 멜로디가 있는 경우는 두들겼을 때 그 줄에 엄지손가락의 손톱이 닿도록 두들겨야 합니다. 악보에는 Tamb라고 적혀 있습니다.

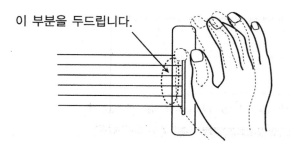

이 부분을 두드립니다.

10. 하모닉스(Harmonics)

 하모닉스란 줄에만 살이 닿도록하고 퉁긴 후에 재빠르게 살짝 떼어서 금속성 소리나 종소리 같은 음을 내는 주법을 말합니다. 하모닉스에는 개방현에 의한 방법과 옥타브 하모닉스 2종류가 있습니다.

 지정된 프렛 위에 왼손 약손가락이나 새끼손가락을 가볍게 대고 오른손의 손가락으로 친 다음 재빨리 왼손가락을 떼는 것이 개방현에 의한 방법이며, 어떤 음을 왼손의 손가락으로 누르면, 그 프렛으로부터 세어 옥타브 높은 음의 프렛 위를 오른손 집게손가락으로 가볍게 대고 오른손의 약손가락을 사용해서 그 줄을 치고 재빨리 집게손가락을 떼는 것을 옥타브 하모닉스라고 합니다.

줄 위에 가볍게 댑니다.

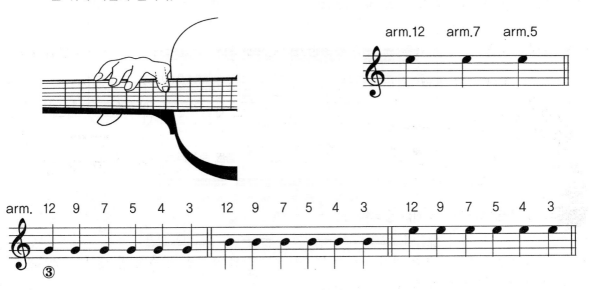

11. 풀가르(Pulgar)

 p 손가락으로 모든 줄을 치는 것을 말하며, 낮은 음 줄에서 높은 음 줄로 미끄러뜨려 칩니다. 손톱을 쓰는 경우와 쓰지 않는 경우가 있습니다.

12. 인디세(Indice)

 집게손가락(i)으로 높은 음 줄에서 낮은 음 줄로 미끄러뜨려 치는 것으로 indice 또는 i로 표시합니다.

13. 왼손의 독주(Mano Izquierda Sola)

 말 그대로 오른손으로 첫음을 낸 다음에 왼손가락만으로 지판을 짚어서 음을 내는 주법입니다.

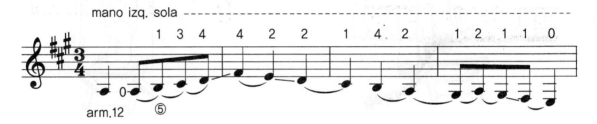

14. 소리 멈춤(Sonidos apagados)

 퉁긴 소리를 오른손가락을 대어 소리를 멈추는 주법으로 화음을 멈추게 할 때에는 오른손바닥의 바깥 쪽을 줄에 대어 소리를 멈춥니다.

15. 트럼펫(Trompetds or Tromba)

 브릿지 근처에서 오른손 손톱으로 탄현하면 금속성의 소리가 나기에 트럼펫 주법이라고 부르며 프렛의 가운데를 누름과 동시에 줄을 퉁겨야 합니다.

16. 파고토(Fagoto)

　목관 악기 파고토(바순)와 비슷한 소리를 낸다해서 파고토 주법이라고 하며 피치카토 주법으로 치듯이 왼손가락으로 줄을 가볍게 누르고 울림구멍(사운드홀)에서 줄을 퉁깁니다.

17. 료로(Lloro)

　누른 왼손가락을 위 아래로 움직여 마치 우는 소리 비슷한 음향을 내는 주법입니다.

■ 세하(바레)에 대하여

　　세하(바레)란 왼손의 한 손가락으로 2개 이상의 음을 동시에 짚는 것을 말합니다. 세하에는 3번줄까지의 세개, 또는 두개의 줄을 누르는 메디아 세하(Media Ceja), 중앙부분의 줄(2번줄과 3번줄 / 3번줄과 4번줄)만 누르는 세힐리아 세하(Cejjlla Ceja), 네개 이상 또는 여섯줄 전부를 누르는 세하(Ceja)가 있습니다.

　　기타의 줄을 누르는 방법 중에서도 상당히 까다로우나 충분히 연습해서 마스터해 두기 바랍니다. 세하를 마스터하면 앞으로의 까다로운 운지들을 쉽게 해결할 수 있습니다.

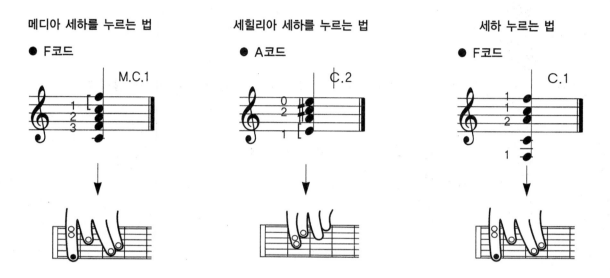

메디아 세하를 누르는 법	세힐리아 세하를 누르는 법	세하 누르는 법
● F코드	● A코드	● F코드

　　세하를 하는 집게손가락은 충분히 뻗쳐 지판 위의 줄에 고른 힘을 주어 누릅니다. 그렇지만 너무 힘을 주어 누르지 말고 기술적으로 눌러야 합니다. 손에 힘이 많이 들어가므로 순간 순간 쉬어주는 테크닉을 익혀야 피로감을 덜 느끼면서 연주할 수 있습니다.

　　F코드가 세하(바레)의 기본이 되는 코드입니다. 또한 하이코드(하이포지션) 연습의 기본이 되는 코드이므로 숙달하시기 바랍니다. 처음부터 세하로 누르지 말고 약식 세하(메디아 세하 / 세힐리아 세하)로 연습한 후 세하로 누릅니다. 처음에는 소리가 깨끗하지 않겠지만 자꾸 연습하다보면 깨끗한 소리를 얻게 됩니다. F코드 소리가 깨끗하게 나오면 프렛을 한칸씩 이동하며 하이코드를 연습합니다.

예) F(Fm) → F#(F#m) → G(Gm)

■ 트레몰로 주법

트레몰로(Tremolo) 주법은 클래식기타 주법 중에서 고난이도의 주법이며 그만큼 매력적인 주법입니다. 저음 부분의 음을 엄지 손가락(p)으로 퉁기면서 a(약 손가락), m(가운데 손가락), i(집게 손가락)의 순서로 멜로디 라인을 연속적으로 칩니다. 트레몰로 주법 연주시 각각의 음이 고른 세기로 울리도록 해야 하는데 고른 음이 나도록 하기 위해서는 처음에는 느리나 또박또박 정확하게 쳐야 합니다. 처음부터 빠르게 치려고 하지 말고 숙달의 정도에 따라 점차 속도를 빠르게 합니다.

기본 패턴

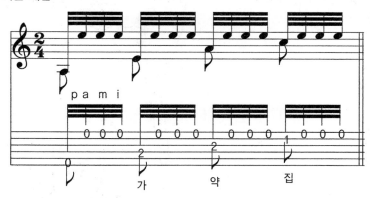

① 스리 핑거 트레몰로 연습

② ①번줄 개방현 트레몰로 연습

③ ①번줄 3프렛 트레몰로 연습

④ ②번줄 트레몰로 연습

■ 기타 연주의 자세

1. 등을 의자에 기대지 말고 얕게 걸터 앉습니다.

2. 발판 위에 왼발을 얹습니다. 발판의 높이는 얹은 발의 넓적다리가 바닥과 평행이 되는 것
   보다 무릎이 조금 높아질 정도로 조절합니다.

3. 기타의 몸통 허리(측판의 잘룩한 곳)를 왼쪽 넓적다리 뒤에 얹습니다.
   오른쪽 다리는 70도 정도 벌려서 약간 뒤로 당기는 편이 좋습니다. 여자의 경우 바지를 입었
   을 때에는 남자와 같으나, 치마를 입었을 때에는 무릎을 가지런히 하여 오른발을 뒤로 당기
   고 높아진 왼쪽 넓적다리 위에 기타를 얹습니다.

4. 기타의 헤드가 어깨의 높이 또는 약간 위가 되도록 합니다.

5. 가슴을 자연스럽게 펴고 오른쪽 팔꿈치 가까이를 기타 울림통 가장 높은 곳 모서리에
   얹습니다.

■ 아포얀도와 알 아이레 주법

줄을 퉁기는 방법에는 두 가지가 있습니다. 줄을 퉁긴 손가락이 곧 다음 줄에 닿아 머물게 되는 아포얀도 주법과 줄을 퉁긴 손가락이 공간에 머물게 되는 알 아이레 주법이 있습니다. 아포얀도는 센박이나 멜로디 혹은 반주부를 선명하게 부각시킬 때 사용하고, 알 아이레는 여린 박이나 반주부 또는 멜로디를 아주 여리게 연주할 때 사용합니다.

● 아포얀도

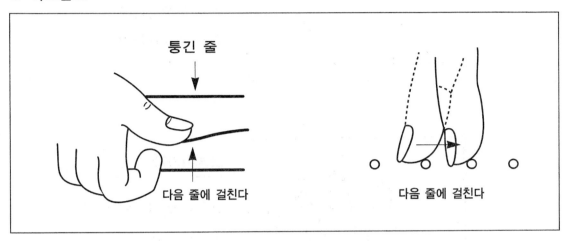

● 알 아이레

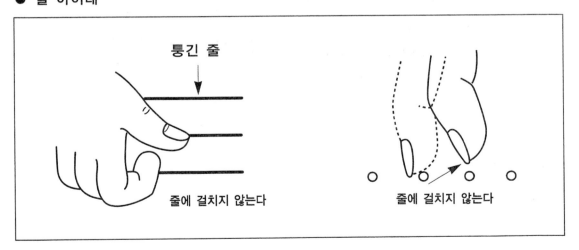

■ 손가락 번호와 기호

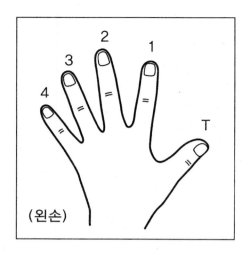

왼손가락 번호

1 – 집게손가락
2 – 가운데손가락
3 – 약손가락
4 – 새끼손가락
T – 엄지손가락

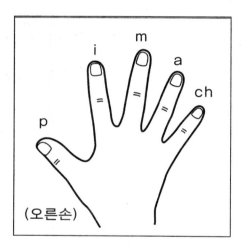

오른손가락 기호

p – 엄지손가락
i – 집게손가락
m – 가운데손가락
a – 약손가락
ch – 새끼손가락

■ 왼손의 자세

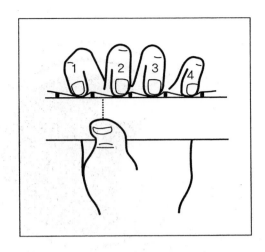

위에서 본 왼손 자세

왼손의 팔꿈치는 몸쪽에서 너무 떨어지지 않도록 하고, 왼손 엄지손가락은 왼손 집게손가락과 가운데손가락 사이에 위치 하도록 합니다. 손목은 몸쪽과 반대 방향으로 내밀고 나머지 네손가락은 프렛과 평행이 되도록 합니다.

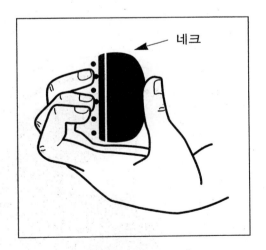

측면에서 본 왼손 자세

엄지손가락이 지판 위로 너무 올라오거나 엄지손가락의 관절이 구부러지지 않게 합니다.
적은 힘으로 프렛의 바로 옆을 정확하게 누르며 필요 이상의 힘이 들어가지 않도록 합니다.

■ 오른손의 자세

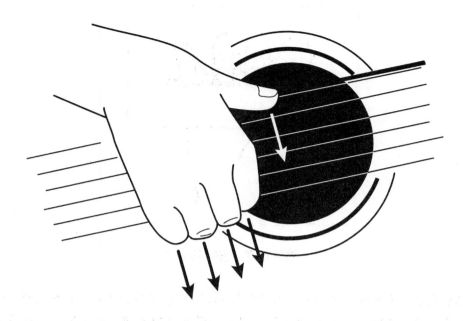

팔꿈치가 기타의 몸통 중 가장 넓은 부분의 모서리에 자연스럽게 얹히도록 합니다.
팔은 사운드홀 부근에 위치하도록 합니다. 어깨에서부터 손목까지의 힘을 완전히 빼고
손가락 관절만의 운동으로 퉁깁니다.

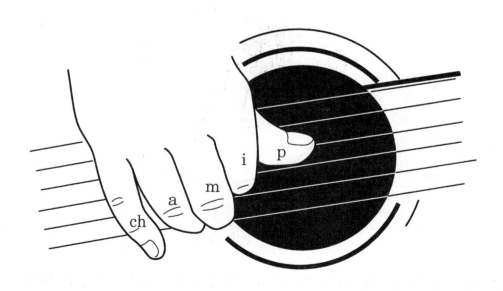

엄지를 곧게 펴서 줄과 거의 평행선을 유지합니다.
손목을 많이 움직이지 말고, 줄과 거의 수직이 되도록 합니다.

■ 필수 반주법

왈츠 스트로크 및 아르페지오

반주법 중에서 가장 기초가 되는 반주법으로서 연습을 통해 쉽게 익힐 수 있습니다.

3/4 왈츠 스트로크

①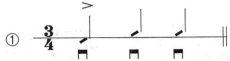

②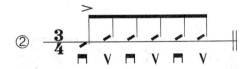

③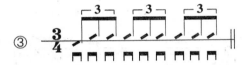

6/8 왈츠 스트로크

①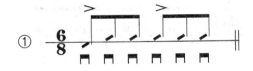

②

3/4 왈츠 아르페지오

①

②

③

④

6/8 왈츠 아르페지오

①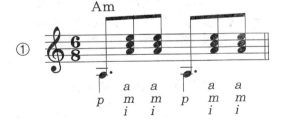

②

③

고고 스트로크 및 아르페지오

경쾌하고 빠른 리듬으로 한 마디에 8번 치는 8비트(beat)입니다.
다운 스트로크와 업 스트로크, 엑센트를 지켜 연주해야 고고의 특징을 잘 살릴 수
있습니다. 고고를 느리게 연주하면 슬로우 고고가 됩니다.

고고 스트로크

①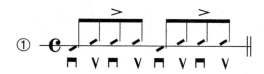

②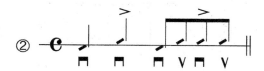

③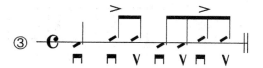

④

⑤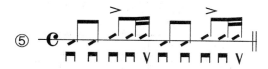

슬로우 고고 스트로크

①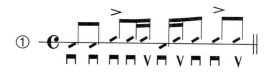

②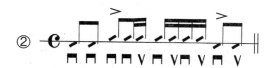

고고 아르페지오

①

②

③

④

⑤

⑥

슬로우록 스트로크 및 아르페지오

 슬로우록은 느린 곡에서 사용되는 주법으로, 셋잇단음 박자를 사용하여 1마디를 12
등분하여 연주하는 것이 특징입니다. 단조롭고 지루한 리듬이 되지 않도록 엑센트나
커팅 테크닉을 적절히 사용해야 합니다.

<table>
<tr><td>슬로우록 스트로크</td><td>슬로우록 아르페지오</td></tr>
</table>

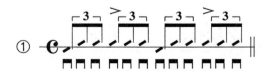

칼립소 스트로크 및 아르페지오

칼립소는 둘째 박에 등장하는 싱코페이션(Syncopation)이 특징인 리듬입니다. 싱코페이션이란 엑센트의 이동으로 인하여 약박이 강박으로 변하는 경우를 뜻하는 것입니다. 연주하면서 노래를 부르기 위해서는 충분한 연습을 필요로 하는 반주법입니다.

칼립소 스트로크

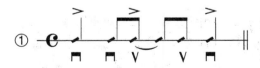

칼립소 아르페지오

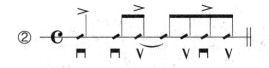

셔플 스트로크 및 아르페지오

스윙(Swing)이란 재즈 음악에서 유행된 리듬으로 흥겨움과 경쾌함이 돋보이도록 연주해야 합니다. 첫째 박과 세째 박은 저음줄을 다운 스트로크 합니다.

셔플(스윙) 스트로크

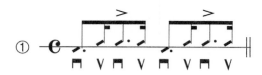

셔플 아르페지오

컨트리·스리핑거 스트로크 및 아르페지오

컨트리 리듬은 경쾌하고 산뜻한 맛을 살려서 연주해야 합니다.
스리핑거(Three finger) 반주법은 컨트리 음악의 벤조 주법에서 비롯 되었으며 p, i, m
세 손가락만을 사용하는 아르페지오 스타일 입니다.

컨트리 스트로크

①

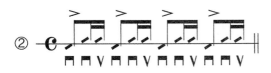

②

③

컨트리 아르페지오

① P am i am P am i am

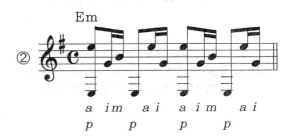

② a im ai a im ai
   p   p   p   p

③ p im p a im p im p a im

3 핑거 아르페지오

① p pi pm pi p pi pm pi

폴카 · 비긴 · 트롯 스트로크 및 아르페지오

　폴카는 트로트나 마치와 더불어 리듬에서 가장 단순한 2비트로 되어 있습니다. 손목의 유연성과 지구력이 필요한 반주법입니다.
　비긴 리듬은 첫 박의 싱코페이션이 큰 특징을 이룹니다. 반박자 쉬는 타이밍을 잘 지켜야 정확한 박자와 균형있는 리듬이 유지 됩니다.
　트로트는 폴카와 같은 모양의 리듬으로 되어 있으며 다만 템포가 다를 뿐입니다.

폴카 스트로크

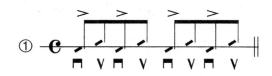

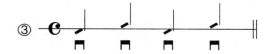

비긴 스트로크

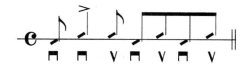

비긴 아르페지오

트롯 스트로크

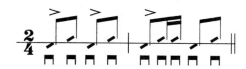

■ 음계연습

1. 개방현 연습

①번 현은 a로, ②번 현은 m으로, ③번 현은 i로 치고, ④⑤⑥번 현은 p로 칩니다.
i, m을 교대로 치는 교호주법도 함께 연습합니다.
음계를 빠르고 정확하게 칠 수 있을 때까지 연습합니다.

2. 모든 현 연습

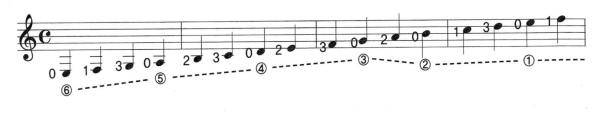

3. 각 현의 연습

음량이나 음색이 고르게 나도록 한음 한음을 천천히 정확하게 연습한 후 조금씩 빠르게 치도록 합니다.

①번선의 연습

②번선의 연습

③번선의 연습

④번선의 연습

⑤번선의 연습

⑥번선의 연습

①번선에서 ⑥번선까지의 연습

- 55 -

4. 포지션 연습

i•m, m•a 형의 교호주법 연습과 아울러 p, i, m, a로 치는 연습도 합니다.

①번선의 연습

⑤번선의 연습

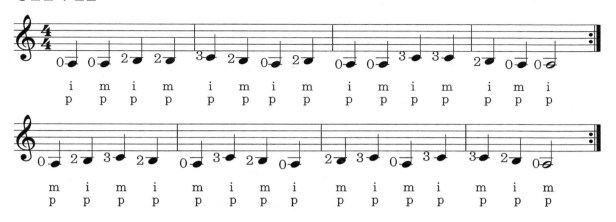

⑥번선의 연습

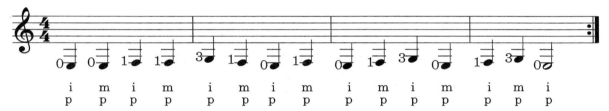

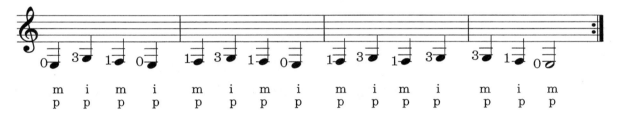

①～⑥번선의 종합 연습

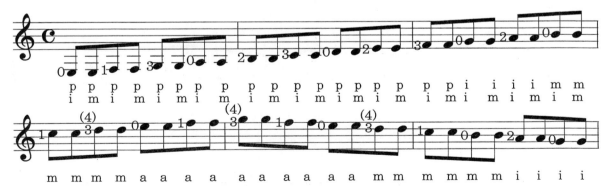

5. 6개의 기초 아르페지오 연습

내 주를 가까이

하늘 가는 밝은 길이

연습곡(3)

나 같은 죄인 살리신

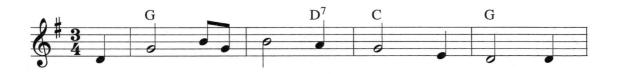

마음이 지쳐서

음계 종합 연습

구주 예수 의지함이

예수 사랑하심은

주와 같이 길 가는 것

거기 너 있었는가?

주님의 시간에

사랑의 송가

승리는 내 것일세

참 반가운 신도여

음계 및 화음 연습

연 습 곡

L. 산즈

왈 츠

F. 카룰리

연 습 곡

F. 카룰리

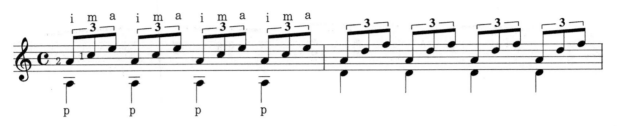

연 습 곡

A. 카노

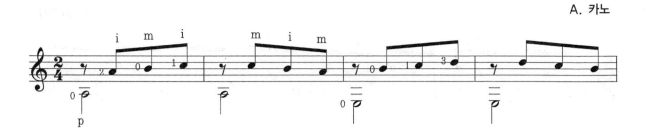

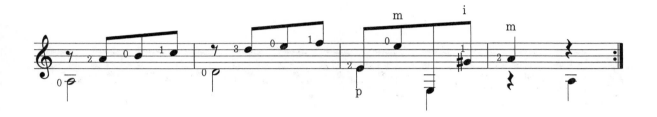

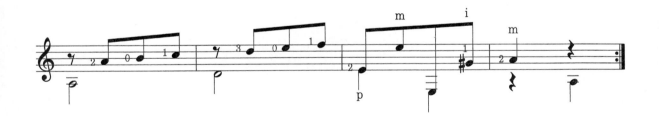

전 주 곡

F. 카룰리

연 습 곡

F. 카룰리

연 습 곡

D. 아구아도

연 습 곡

F. 소르

연 습 곡

F. 소르

안 단 테

M.카르카시

아르페지오 연습

D. 아구아도

연 습 곡

Andantino

M. 카르카시

* 음계(Scale) p, i, m, a 손가락을 쓰는 주법과 교호주법(i, m) 두 가지로 연습합니다.

코드(마침법 또는 카덴짜)는 곡을 이루는 가장 기본적인 화음이므로 반드시 숙지합니다. 음계는 연습을 통해 빠르고 정확하게 칠 수 있도록 하며, 음계 연습은 특히 중요하므로 충분히 반복해서 연습하도록 합니다.

알레그레토

M. 카르카시

* 악보의 손가락 번호에 너무 얽매이지 말고 또 다른 운지로도 연주 할 수 있음을 기억하며 연습합니다.

연 습 곡

Andantino

M. 카르카시

기뻐하며 경배하세

Allegro Maestoso

베 토 벤 작곡
박 래 식 편곡

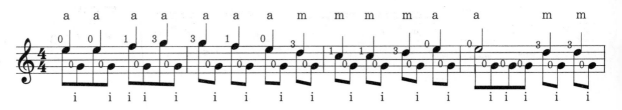

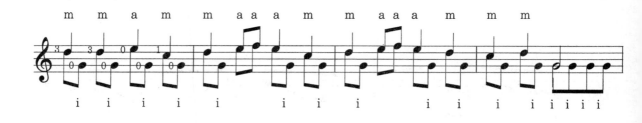

나 같은 죄인 살리신

죤 뉴 턴 작사
박 래 식 편곡

Slowly

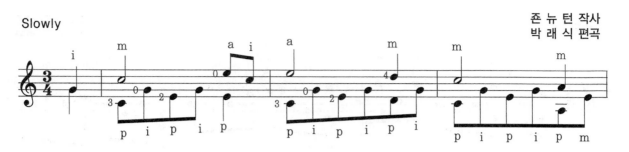

내 주 되신 주를 참 사랑하고

A.J.고돈 작곡
박 래 식 편곡

보통으로

코드

연습

왈 츠

F. 카룰리

Fine

D.C. al Fine

왈 츠

F. 카룰리

D.C. al Fine

안단티노

F. 카룰리

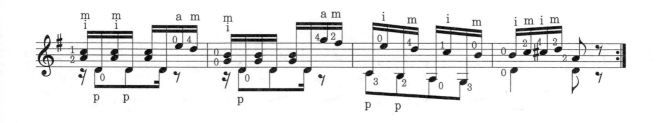

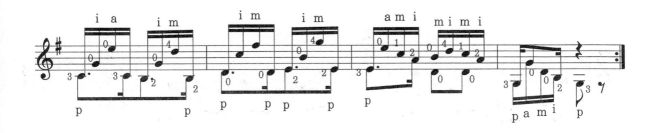

그 어린 주 예수

C.H.가브리엘 작사
박 래 식 편곡

Allegretto

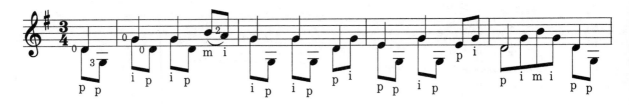

천부여 의지 없어서

스코트랜드 민요
박 래 식 편곡

Moderato

코드

연 습

연 습 곡

F. 카룰리

왈 츠

F. 카룰리

Allegretto

연 습 곡

F. 소르

예수 사랑하심은

브레드부리 작곡
박 래 식 편곡

참 아름다워라

F. L. 세파드 작곡
박 래 식 편곡

조금 빠르게

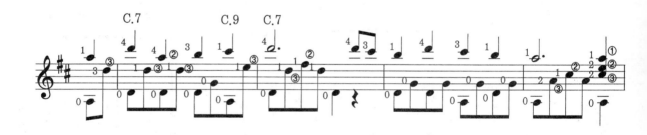

음 계

코 드

연 습

안 단 테

F. 카룰리

연 습 곡

M. 카르카시

안 단 테

F. 카룰리

D.C. al Fine

내 구주 예수를 더욱 사랑

보통으로

하워드 돈 작곡
박 래 식 편곡

주의 친절한 팔에 안기세

조금 빠르게

쇼 월더 작곡
박 래 식 편곡

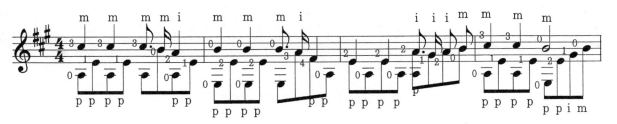

왈 츠

F. 카룰리

안단티노

M. 카르카시

고요한 밤 거룩한 밤

느리게

F. 그루버 작곡
박 래 식 편곡

환난과 핍박 중에도

조금 빠르게

H. F. 헤미 작곡
박 래 식 편곡

음 계

코 드

연 습

아르페지오

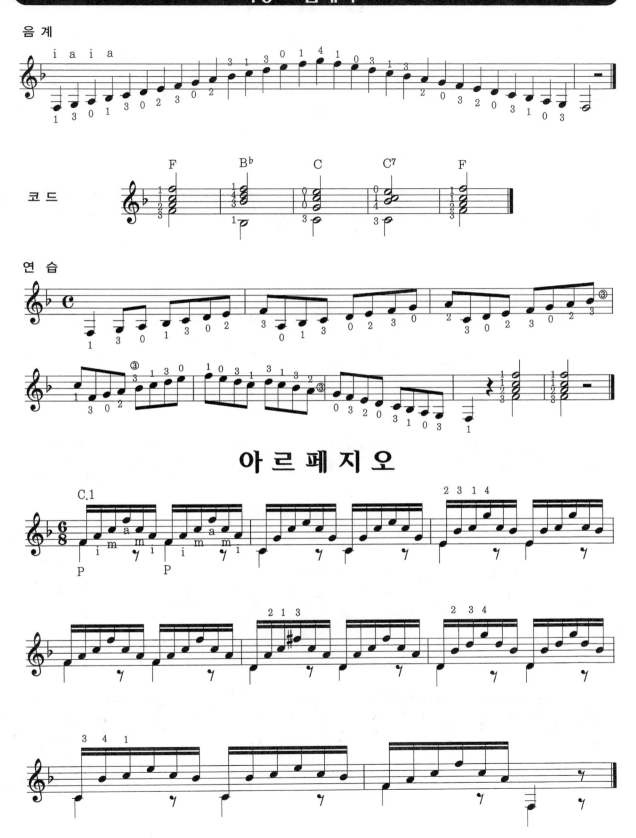

연 습 곡

M. 카르카시

포코 알레그레토

F. 카룰리

피난처 있으니

H. 카레이 작곡
박 래 식 편곡

조금 빠르게

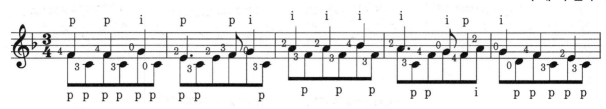

양떼를 떠나서

느리게

J. 준델 작곡
박 래 식 편곡

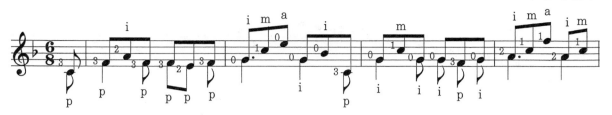

음 계

코드

연 습

프렐류드

M. 카르카시

C.2

연 습 곡

F. 카룰리

로 망 스

그는 여호와

로 빈 슨 작곡
박 래 식 편곡

서쪽 하늘 붉은 노을

주 기 철 작사
박 래 식 편곡

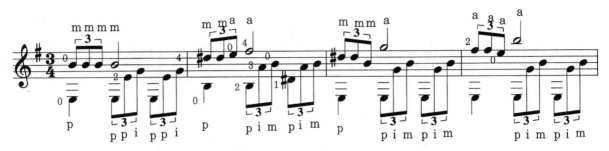

음 계

코 드

연 습

안 단 티 노

연 습 곡

M. 카르카시

알 레 그 레 토

F. 카룰리

사막에 샘이 넘쳐 흐르리라

박 래 식 편곡

주를 찬양하는 마음 주셨네

박 래 식 편곡

음 계

코 드

Am   Dm   E   E⁷   Am

연 습

연 습 곡

D. 아구아도

i m i   i m i

p

안 단 테

F. 카룰리

D.C. al Coda

연 습 곡

M. 카르카시

하나님 우리와 함께

박 래 식 편곡

트레몰로 주법 연습

* 처음에는 느리게 정확하게 치고, 정확히 칠 수 있을 때 속도를 빠르게 해서 치도록 합니다.

실내의 소품

예수 나를 위하여

하워드 돈 작곡
박 래 식 편곡

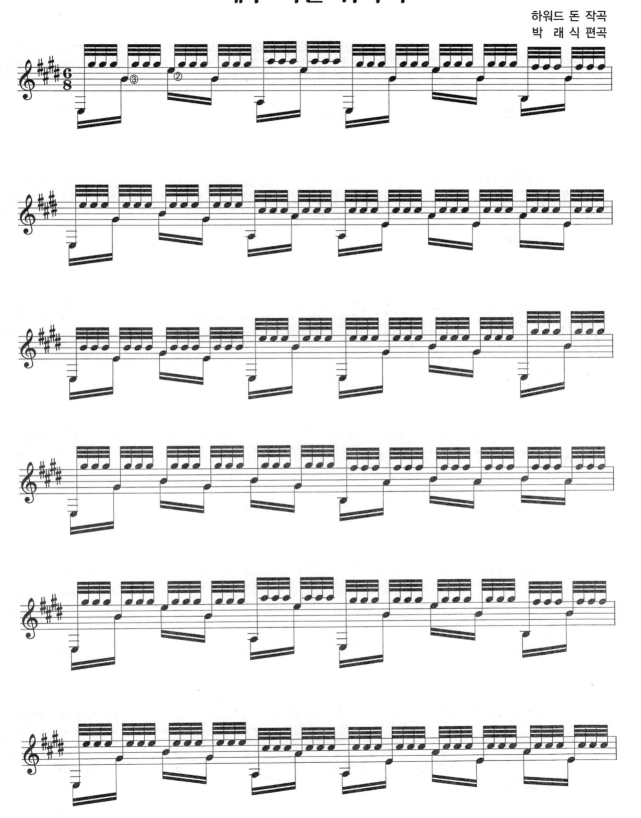

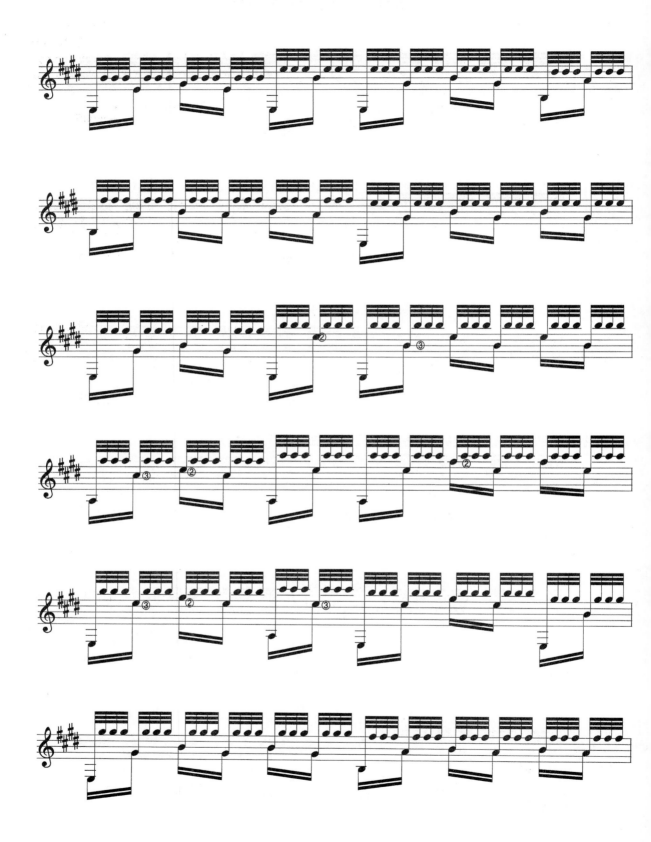

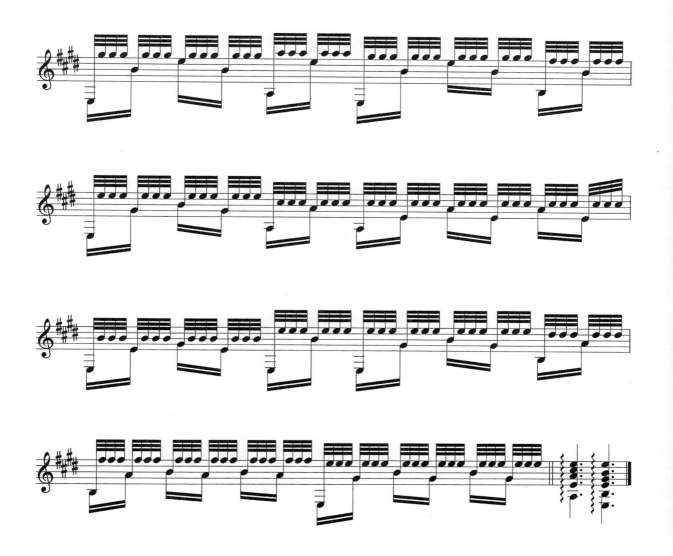

종합 연습을 위한

클래식기타 찬양 연주곡 모음

귀하신 주여 날 붙드사

보통으로

모 리 스 작곡
박 래 식 편곡

내 주를 가까이 하게 함은

L. 메이슨 작곡
박 래 식 편곡

보통으로

나의 갈 길 다가도록

로 우 리 작곡
박 래 식 편곡

보통으로

내 주의 나라와

조금 빠르게

A. 윌리암스 작곡
박 래 식 편곡

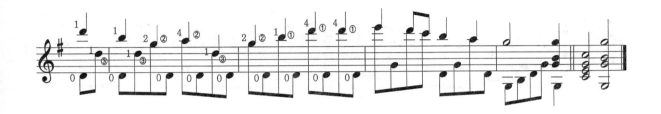

예수가 거느리시니

W. B. 브레드 버리 작곡
박 래 식 편곡

조금 빠르게

저 장미꽃 위에 이슬

보통으로

A. B. 심슨 작곡
박 래 식 편곡

천부여 의지 없어서

W. 쉬일드 작곡
박 래 식 편곡

보통으로

* ⑥ = D : ⑥번줄(미)을 조금 풀어 ⑤번줄 5프렛(레)에 맞춘다.

하늘 가는 밝은 길이

J. 스콧 작곡
박 래 식 편곡

조금 느리게

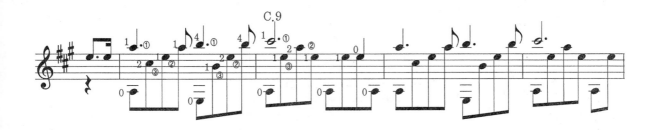

나 어느날 꿈속을 헤매며

L. N. 모리스 작곡
박 래 식 편곡

조금 느리게

너 시험을 당해

보통으로

H. R. 팔머 작곡
박 래 식 편곡

내 평생에 가는 길

P. P. 블리스 작곡
박 래 식 편곡

조금 빠르게

⑥ = D

나 주를 멀리 떠났다

보통으로

W. J. 커크패트릭 작곡
박 래 식 편곡

값비싼 향유를 주께 드린

조금 빠르게

E. P. 파커 작곡
박 래 식 편곡

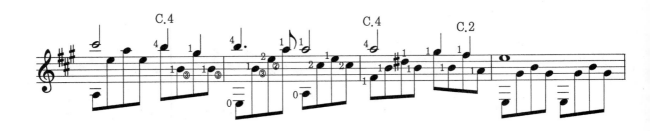

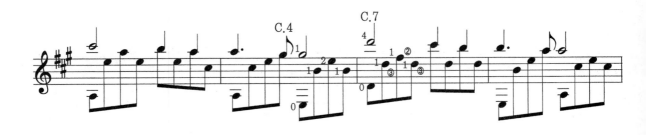

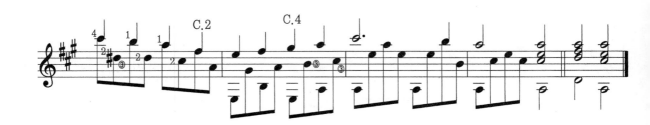

내 구주 예수를 더욱 사랑

보통으로

하워드 돈 작곡
박 래 식 편곡

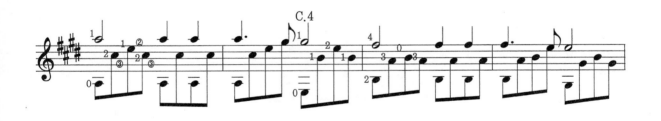

우리는 주님을 늘 배반하나

생키 작곡
박 래 식 편곡

조금 빠르게

마음이 지쳐서

조금 빠르게

레니 울프 작곡
박 래 식 편곡

하나님의 사랑을 사모하는 자

박 래 식 편곡

나의 힘이 되신 여호와여

최 용 덕 작곡
박 래 식 편곡

괴로울 때 주님의 얼굴 보라

해리 볼백 작곡
박 래 식 편곡

고개 들어

스티브 프리아 작곡
박 래 식 편곡

목마른 사슴

박 래 식 편곡